ARCO

as palavras trocadas

ARCO

as palavras trocadas
Laura Erber

© Editora Âyiné, 2023
Todos os direitos reservados

Edição:
Sofia Mariutti

Preparação:
Fernanda Morse

Revisão:
Livia Lima, Tamara Sender

Projeto gráfico:
Federico Barbon

Produção gráfica:
Daniella Domingues

ISBN:
978-65-5998-109-0

Âyiné

Direção editorial:
Pedro Fonseca

Coordenação editorial:
Luísa Rabello

Direção de arte:
Daniella Domingues

Coordenação de comunicação:
Clara Dias

Assistência de design:
Laura Lao

Conselho editorial:
Simone Cristoforetti
Zuane Fabbris
Lucas Mendes

Praça Carlos Chagas, 49 — 2° andar
30170-140 Belo Horizonte — MG
+55 31 3291-4164
www.ayine.com.br
info@ayine.com.br

Laura Erber
as palavras trocadas

Âyiné

Os poemas eram todos seus.
Agora é o livro de um silêncio.

*O animal que trota
pode restaurar o vermelho
dos corações vermelhos.*

Anne Carson

Colada à tua boca a minha desordem.

Hilda Hilst

Dois tempos

O de um homem, quieto agora, o de uma mulher, vazada em formas, que também se arrasta. Ao norte do norte onde o mar corre pelo avesso e salga a terra pelas encostas. Dormem entre um pensamento e outro, tudo a ponto de ferir. Vem, diz ela, e ele vem, simplesmente, com a luz da lua inteira, pois sobreviver é questão de saber beber da fonte de água corrente, deixar o vento rejuntar os restos, estar perto na presença dos gemidos e recolher o que brota quente do corpo langoroso. Amortecidos na queda pelo próprio medo de explodir já não se sabem traduzir, mas são seres tocados, que se olham bem de perto, até conseguem respirar. Haustos talvez feito declinações de uma nova forma de contato. Até aqui chegaram. E são capazes de ir mais fundo enquanto o tempo exibe a órbita excêntrica dos seus mortos. Vão se inventando na tessitura rápida e lenta das listas de óbitos, na forquilha da noite se convocam e se conduzem, um ao outro, com precisão telepática. Em sequência antecipada, ela é que abre a mata seca e o convoca: «na minha boca te consagro outro princípio, líquidos e fantasmas conseguem atravessar muitas coisas». O século deles termina bruscamente, no clarão de um incêndio que se alastra, consome campos e cidades, casebres, cabritos, mansões. Tudo de repente é só o imenso entardecer parietal de projetos mal sonhados. Depois das labaredas, sem saber por onde ir, pronunciam de novo os primeiros nomes, gargalhadas. Quase não se enxergam, mas se sabem, e quem quer trégua? Estropiados e radiantes, seres telúricos, reminiscentes de outra espécie imperdoável. Serão pesquisados enquanto aprendizes tresloucados de si mesmos, insistentes na travessia terrestre de prazeres inventados, em ritos sôfregos de um corpo que recebe a verdade de outro corpo. Na cena podem ser vistos se arrastando entre os estragos, sempre em busca de um terceiro tempo. E não é para sentir pena ou empatia, pois se trespassam e não se importam. À laia de epígrafe, não sabem dizer de outro modo, nem talvez deste. O poema está sempre a caminho de um outro começo.

Cinco minutos

Entrarei pela varanda fazendo sombra na madeira iluminada do teu chão. Te encontrarei dormindo, por isso chegarei lentamente e sem fazer ruído soprarei de leve alguma coisa em você. Nem palavra, nem canto, nem suspiro. Te atarei ao meu tempo e a um arrepio que vai te erguendo pêlo a pêlo enquanto separo cada sílaba do teu nome e chegando bem mais perto peço que não sinta medo da minha presença inexplicável assim tão cedo. Nessa hora, pelo teu sonho, arrancará a galope um cavalo cavalgado a pêlo. Não sou eu ainda. Serei antes um lagarto sorvendo toda a luz destas comarcas nos cinco minutos que me foram concedidos. É tão pouco, disso sei, mas enquanto tudo em nós tem as feições do mato que bordeja paraísos, aceito, digo sim, aqui estou. Depois do susto inicial talvez você se aloje no meu colo, leio uma epopeia onde alguém planeja uma vida além do incêndio, você esfrega o rosto no meu dorso, virilha, a minha teia espalha fios puros, você me fala de uma lenda, a minúcia na ponta da língua. Mal começamos a voar e uma voz de parte alguma vem lembrar que o tempo está sempre acabando. De quantas horas mais precisamos para dizer e pactuar com o impossível, depois esquecer costurando dimensões, à flor das coisas que não? Desapareço de repente — você me perdoará por isso um dia — como uma luz afável que entrou sorrateira pela varanda com o assovio das folhas voadoras de um flamboyant.

Jogadores de cartas

A cada rodada se desnudam um pouco mais. No último lance se descarnam. São lançadores de dardos dentro da boca um do outro. Pescadores também, mas de fulgores sob a pele. Às vezes por engano um dardo atinge o olho, o centro negro da pupila explode, eles morrem. O jogo recomeça. A primeira carta lança-os de novo bem longe do equilíbrio, na segunda rodada inauguram línguas de que sofrerão mais tarde o fardo. E assim se conjugam, se consagram, líricos, patéticos, risonhos, em lances de nada para cumprir em obediência a construção de um castelo sobre um lago. Enquanto embaralham as cartas da perda, são felizes, assim pensam, e são mesmo, de uma felicidade clara, sem descanso e sem avesso, avançam por uma história traiçoeira mas constante, incorporando a palavra de ascetas, sufistas, beguinas e bem-aventurados. Aqui ninguém sabe blefar mesmo quem sabe, a regra de ouro é não saber, e sabem que nada podem contra o corpo iluminado, calafrios, manada. Em desespero pensam em se jogar rápido no fosso de água dura, entram na noite como se fugissem da abadia de Thelema, a animação do céu ao seu redor precisaria ser descrita em pormenores mas não há tempo. Os dias terminam antes do cansaço. No fim das contas, porém, nenhum dos dois se incomoda com todo o ineditismo no baralho, sem naipes e sem rainhas, só os curingas prateados, canastras de um real ardente que ninguém desmancha, ninguém desmancha aqueles dois, nem na língua de chegada. Nem eles mesmos se contêm nem cabem dentro do jogo que jogaram. A cada cartada cavam mais fundo a matéria crua de um temor realizado. Se atravessam, dardejantes, e no último lance, muito juntos, se descarnam.

Atravessamos

vários ventos, chuva congelava linhas de transmissão, também aqui um lago escuro.

O que viemos

fazer nesta paisagem?

Pequenos reflexos sobre a água cegam, enchem de futuro

reluzindo a boca aos risos.

Não são avisos, nem talismãs,

nem serão poemas.

De outros passados mais incógnitos brotam nomes de batismo,

labirintos para fugas no interior da própria casa,

feito besouros presos em cômodos contíguos

na sacada — quando finalmente voam,

o vidro estala.

Véspera

O reconhecimento mais ou menos completo de que tudo é assim porque é. Entre nós, quero dizer. É possível conhecer o chão que pisamos enquanto pisamos este chão? A pergunta não é falsa, mas a voz que a sustenta não é de ninguém. Você entende? Uma biblioteca ideal seria feita dos poemas que deslizam entre as ações mais simples e o dialeto do vapor que sai do cafezinho. Sempre quente. Porque é assim. Mais ou menos como sustentar a voz no ar quando os pés perdem o chão. O que quero dizer? Você me entende quando digo que fomos convidados a existir aqui.

No lugar das palavras trocadas

o verão assolado de insetos
aqui não tem brisa só rajadas de
nomes em situação de espera
acima da coroa solar
um vento morno sujo sopra
dizem que o mundo termina ali
em línguas disparadas
de uma laçada
parece que vão rebentar
a segunda pessoa é você
que se esgueira até o fundo d'água
«gosto de pertíssimo»
nas respostas perco substância
mas ainda é possível estar aqui
tão sem peso
onde fogo com fogo
ser leve
escancarar sem ferir
pois repara:
o núcleo branco da queima
sempre se refaz
começou ontem
e não vai terminar
numa faca sem corte
no fundo d'água
tão sem peso
o verão espera?
mas olha

Restos

do museu nacional carbonizado
carregados pelo vento
o passado espalhado
feito cartas perdidas
do que não termina
por toda a cidade
assim também
nós dois
pedacinhos do real
incendiados
com o vento
chegamos
aqui

o resto sabemos
não sabemos

Os dias contados

tudo nada fácil
e não poder prometer
e não poder se esquivar
de um novo estirão de vida
violentamente outra vida
não poder deter
nem continuar

escrevo com o que você me faz
quando não fazemos nada

descrevo como seria
o bosque desfolhado aqui perto
«onde começa a descrença?»

«com a mão queimada escrevo sobre
a natureza do fogo»
não são meus versos
o que quero agora

continuamos nadando
para o fundo

Na visão alargada das imagens

seríamos fundo perfeito de cinza invisível
como as paredes onde dizem que Géricault
prendia os quadros
radiância do azul da erva-viperina e
da centáurea
comprimentos de onda bem abaixo do vermelho
as falanges de uma condessa de Champagne
em declaração de intenção
e de segredo outras mãos mais
que atravessam a balaustrada
para trazer a carta escrita
por um deus em que não cremos
a viagem de onde só
se regressa todo
transformado
friso em ilusão de pedra gótica
ponto único de um mármore
virado em água
couraceiro ferido ladeira abaixo
calor de dezembro preguiça das algas
escândalo de um amarelo do Oriente engolindo
a tarde
todos os nomes de Musashi
no castelo sitiado
os que pedem para ser libertados
dos espelhos dos sentidos
figurados
um fato que é a sua própria causa
abelhas caindo envenenadas
lã vermelha do exército de Esparta
cor primária que a criança espalha
o que não escrevo
quando falo

A flor do girassol

sem
haste
caule
flutua
acima
das próprias folhas
de um vermelho
com poderes do
amarelo
de Hockney
de Hockney todo ele
olha olha mas
olha mesmo
bem
pra
isso
este
vermelho
podendo ter sido
amarelo
em pleno vôo
descolado
do real
e de si mesmo
procurando
procurando
procurando
o melhor ângulo
de luz

De volta

ao que seria só paisagem
algumas palavras juntas
tocaram guizos de animais desertados
no vento cresceu o nome
que denuncia o teu sentir
mastigo torrões de açúcar
o azul dos grandes lagos
e suponho que frios
também conheço o sal dos dias lentos
sinto o animal que sou por perto

Quem mexe os cordelinhos

com doçura
com urgência?
a peste se espalha
o céu se fecha
abril desata
os corpos celestes
propõem
coagem
o corpo humano

quem me confina
com leveza sem
cordura
tornando à
velha ortografia
onde pousar a
bôca
em formas
de dizer
espera
o arco
dos dias
«à beira
do
princípio»?

Na volta

das delícias

tudo sempre tão perto de se perder

devagar
urgentemente
adiamos os dias de um
desencontro que começa
antes do começo da própria
vida

também o último poema não teria
um sentido mais fácil de aprender
(manusear a terra
dar um murro)

contra um grande final
qualquer bebida
que nos livre
de um adeus

o último poema seria um atalho
uma pinguela
obrigando a descruzar o rio
desdizer os mitos

tão perto de se perder
continuar

falando sozinha

Atrás das cortinas fechadas

eu também quero sentar ao teu lado
atrás das cortinas fechadas
você não dirá nada
assim posso descer ao fundo da pupila
atravessar a pandemia
outra guerra
barricadas de livros
chegar diante de você
menino jovem homem
adulto e velho
com todos os olhos
que me olham através dos
teus olhos de agora
e me devolvem uma por uma
no cinzel dos beijos
as palavras que troquei
sem saber com quem
trocava

Circunstâncias da luz

estamos voando em círculos
os pássaros também
presos
nos feixes de luz
exaustos
sem saber
que rodeiam
a própria morte

e quanto às tartarugas
saem dos ovinhos
desbussoladas
vão errantes pela praia
morrem demais

não só a falta
o excesso
de luz
também
liquida
diz a cientista das estrelas
diz o guardião da noite escura
diz o vendedor de um novo tipo
de luz amiga das tartarugas
diz o pesquisador das consequências do azul no olho
diz a especialista em ossos de passarinhos
diz o homem contra postos de gasolina
mais claros que a luz do dia

aquela noite em Budapeste
agora sei
não eram morcegos
em dança notívaga

mas bandos de pássaros
presos na luz dos holofotes

por inépcia
dificuldade
ou cálculo
as coisas mudam
bem devagar

Futurologia

nem sempre o impossível
vale mais que o improvável
que o vivível

vi estrelas tatuadas no seu braço
um previsível batom rosa
na boca murcha de uma
mulher arruinada
lendo futuros no tumulto
da avenida Rio Branco
antes da grande inundação

uma cigana intempestiva fura a cena
o mundo cheio de problemas
a poeta nem consegue ter sossego
ser boêmia
caçadora-coletora
de quintessências fenomenais

hoje queria não saber do irreversível
meninos tragados pela máquina
extinção da borboleta branca
rotas de fuga de outra guerra
bebês famélicos fotos do fim
que nos perseguem

voltar ao ponto
da raposa-poema
nascendo noite após noite
do mesmo verso à luz de velas

é simples
mas tem de ser agora

vem comigo ver
o opala da noite
o ano inteiro
a vida inteira

há um momento
ridiculamente ardente
em que toda paixão
cabe no livro da
Carochinha
quem nunca fez análise
talvez imagine que funciona
mais ou menos assim
enquanto a vida
nas análises
são as coisas perdendo sintaxe
coração cabelo chaves
nomes e advérbios consistência
pairam acima das
conexões
você ele sombra movediça
neste céu desprotegido
depois do fim
aqui filtrada jaz
toda a nossa candura
pronomes egressos
de sonhos escabrosos
posso sentir ainda
não por ser supremo
mas por ser o real
no céu devastado
fogo com fogo
olha como são
lançados nossos
corpos na estrada
nossos beijos
da boca ao nada
como posso saber

o que nos espera no fundo
caminhando em direção nenhuma
se o que não tem fim
já começou realmente
a cena dos pronomes
é mais simples
você é a minha ruína
na eternidade dizem
as pessoas
jogam xadrez
e não dados
fora do mundo dos acasos
você chorando de vez em quando
eu colada nos teus olhos
nudez trepidação
uma rede onde podemos
venerar o sexo
a vida inteira
não vivida

não sei livrar-te das palavras
nem com a leveza da tolice
nem com o avesso dos desastres
uma trilha leva a mar nenhum
uma paisagem é o que não se fecha
se abro a porta te perco
tento voltar tropeço
no que digo
tudo é demais
e dói porque falta
tudo é aproximativo
retornamos ao lugar
onde não havia pensamento
ninguém
a quem se endereçar
bastava estar ali
tão simplesmente
juntos

agora te visto e me cubro em
escarpas
artefatos de pedra antiga nos trespassam
sobre a terra somos amantes só por um momento
em cerimoniais tão cheios de ornamentos
que afundamos

teu corpo paradoxal emite
sons rendilhados uma pausa
logo mais o mundo deságua
perto assim tão perto de nos afogar
recomeçamos a contar
a mesma história de duas pessoas
que se espantam

o calor advém de estarem perto
nada poderá ser dito propriamente

os teus dedos percorrem o céu vermelho
os meus ficam parados sobre o teu cabelo
para sempre

mal começamos a voar
e uma voz de parte alguma
vem lembrar que o tempo
está sempre acabando

calma
olha o poente

a lagoa estática, janelinhas se acendendo
não vai acontecer nada de ruim com a gente
com ninguém aqui
o quanto precisamos nos encontrar
veste o meu colete
olha
a gente vai se encontrar vai se abraçar tanto
vai
como quem chega de uma viagem
no porto
depois de dar a volta ao mundo
numa caravela...
olha que a vela
só estremece na brisa

— Wendy, Wendy, em vez de estar dormindo nesta cama boba você podia estar voando comigo de um lado para o outro, contando coisas engraçadas para as estrelas.

J. M. Barrie em tradução
de Sergio Flaksman

As regras do jogo

Marcos Siscar

Em *as palavras trocadas*, reencontramos o que há de mais cativante na poesia de Laura Erber. Poema a poema, as figuras vão tecendo sua lógica própria, em formações de sentido que assumem o aspecto de enigmas existenciais. Contemplam desde encontros casuais (com uma cigana no centro do Rio) até estruturas básicas da experiência de mundo, como o tempo (já nos títulos dos dois primeiros poemas) e o espaço («O que viemos/ fazer nesta paisagem?»). Nascem da percepção imediata, mas ultrapassam rapidamente a circunstância de onde surgiram, num tecido de relações que dá consistência característica ao conjunto dos textos. Por meio de hábeis aproximações (ou *atravessamentos*), a poeta percorre tempo e espaço como quem gostaria de fazer convergir o corpo imediato de suas próprias experiências vividas com a instância daquilo que é adiado, compartilhado ou trocado.

O título *as palavras trocadas* claramente se refere a uma situação de partilha. E o escopo dessa partilha é alargado conforme avançamos no livro, que ganha em abrangência ao mesmo tempo que coloca para si mesmo desafios mais complexos. As palavras que se trocam não são apenas aquelas que estabelecem, por exemplo, a relação entre um homem e uma mulher («Dois tempos»). São entendidas também como cartas de um jogo, como lugares de contato entre quem escreve e quem lê ou, ainda, como aproximação entre traços de sentido e uma experiência de mundo. Essa abrangência atinge, mais que uma dimensão especulativa, a condição de desafio para o pensamento. As palavras são o objeto da troca, a evidência de que haveria partilha. Mas nessa linguagem estão em jogo igualmente a natureza da partilha e suas condições.

Num percurso em que o leitor vai se confrontando com a evidência e o peso daquilo que é adiado, a troca aparece como elemento da experiência vivida, mas também como jogo e virtualidade. Ela se sustenta graças a determinadas conquistas do gesto artístico (como uma flor que «flutua»), mas a situação dessa conquista também a coloca em risco, num horizonte de perda, de ausência. O «incêndio» que localiza os sujeitos da troca num mesmo tempo e espaço não deixa de ter natureza semelhante à daquele que trouxe até ali fagulhas apagadas, meros «restos» ou rastros do que foi «incendiado». Ou seja, a troca é ao mesmo tempo encontro e evidência da consumação.

Nesse sentido, é preciso destacar outra vertente de compreensão do título: as palavras que se trocam podem ser também palavras substituídas por engano, «trocadas» como se trocam os pés pelas mãos, uma carta pela outra, gato por lebre etc. E esse erro da partilha não é determinável de modo absoluto, pois não sabemos exatamente de onde vem, se acontece por estratégia ou por distração («por inépcia/ dificuldade/ ou cálculo»; «Circunstâncias da luz»).

Em outros termos, a partilha aparece exposta à possibilidade do desencontro, do erro, da manipulação. As palavras trocadas são tanto objeto de compartilhamento quanto matéria básica para a produção de equívocos. Não sustentam um ideal de fusão, nem a intersubjetividade consumada. Se a alternância de tempos e lugares entre quem dá e quem recebe, entre uma mão e outra, é paradoxalmente o elemento básico do contato, o que se percebe nesses textos são, antes de mais nada, os descompassos entre esses tempos e lugares — desarranjos explícitos da partilha do sensível, afetando talvez a própria ideia de *partilha*.

Para entender esse aspecto, é interessante notar como os valores de encontro e desencontro aparecem associados, no livro, à carnação do corpo e à descarnação do abstrato. A negatividade do lance de dardos («Jogadores de cartas») se cruza com a leveza, na forma de um potencial dilema figurado pelo girassol («A flor do girassol»). Ao associar as duas imagens, veremos que a abstração está ligada à flutuação, àquilo que se afasta do chão do real e do peso do corpo. Ela impõe a percepção do espaçamento e do atraso característico daquilo que é adiado. Tanto pode ser a sorte e o poderio do poema quanto a ilusão platônica (da busca do «melhor ângulo») da luz.

Os poemas se colocam resolutamente na perspectiva do *peso* do vivido, mas também apontam para a instância que transforma essa experiência em fagulhas voláteis, deixando à mostra a proximidade perigosa entre o viver e o «sobreviver». Experimentam, assim, o fracasso da partilha, a angústia da distância e do intervalo, do desligamento do corpo. A experiência da partilha convive com o extravio, com a destruição da palavra tatuada na memória dos sentidos. O desencontro é tanto mais fundo que pode começar «antes do começo da própria/ vida». Por isso, inversamente, «continuar// falando sozinha» («Na volta») tanto pode ser o desastre da troca quanto uma espécie de consolo do corpo.

Tais cumplicidades são bem perceptíveis nos textos, mas não creio que o conjunto esteja isento de hierarquias. Pelo contrário. O que dá o tom algo melancólico dos poemas é o modo como o investimento nos sentidos vai se transformando em uma espécie de moral do corpo, da carnação, com consequências para a encenação dos valores estéticos e existenciais.

Nesse contexto, a dança dos sentidos funciona como uma espécie de lastro para lidar com a potência de empuxo, isto é, com a força de destruição dos laços, os mesmos que nos manteriam colados ao chão do real. Tal lastro é indicado com frequência na figura do corpo físico. O desejo de corpo — o apelo decisivo dos sentidos — é um dos aspectos mais tocantes do livro, tendo em vista o modo como reivindica a proximidade, a presença («estar perto na presença dos gemidos e recolher o que brota quente do corpo langoroso») e a imediatez («tem de ser agora»), atribuindo-lhes legitimidade existencial.

Mas, poderíamos nos perguntar, onde se localiza exatamente esse corpo, esse lastro, se seu sentido está em jogo dentro do drama da partilha, isto é, dentro da lógica da palavra trocada que é também a da palavra extraviada? Ou, inversamente, como se poderia elaborar, do meio de um incêndio, a razão daquilo que flutua? Não há situação simples para o encontro dos corpos.

Em «Cinco minutos», quase exemplarmente situado na «virilha», os sentidos do corpo parecem buscar a sedimentação da experiência face aos desencontros. O sentido físico funciona como figura do encontro pleno, da «vida», da experiência do simples e do inteiro, ali onde (e no momento em que) os corpos suspendem a alternância, a diferença, e se colam um ao outro. Contudo, as condições precisas desse encontro não são claras, suas «regras» não são dadas, a não ser eventualmente pela autoridade ou pela sedução da palavra dita («vem, diz ela, e ele vem, simplesmente, com a luz da lua inteira»). Por um incalculável projeto de simplicidade. A linguagem desejaria agenciar, a seu modo, os «ritos sôfregos de um corpo que recebe a verdade de outro corpo» («Dois tempos»), no momento, ainda que breve, de «deixar o vento rejuntar os restos».

É certo que *as palavras trocadas* se apresenta generosamente como um livro do encontro. E para isso reivindica, e mesmo prescreve, a mediação do corpo. Por outro lado, comporta igualmente um lamento do desencontro e do mal-entendido, ou seja, daquilo que não se materializou ou não se cumpriu, por motivos («inépcia/ dificuldade/ ou cálculo») que não sabemos bem de onde vêm. Talvez do vento («com o vento/ chegamos/ aqui»).

O que se pode afirmar sobre o drama pessoal não deixa de aplicar-se ao drama artístico — da beleza como flor roubada ao próprio caule. No belo poema «A flor do girassol», está em questão a evidência desse corpo, dessa matéria, dessa cor («de um vermelho/ com poderes do/ amarelo/ de Hockney») cujo poderio está associado ao descolamento desse mesmo corpo («sem/ haste/ caule/ flutua/ acima/ das próprias folhas»), sem possibilidade de coincidir consigo mesmo e com o real. O paradoxo parece inevitável. O poema gera um efeito de leveza e flutuação, inclusive formal, com a articulação vertical e fragmentária de versos exíguos, os quais parecem perder o calibre necessário para exercerem o papel de fundamento e sustentação. Tal efeito de flutuação (em paralelo com a nomeação do título, boiando sobre o conjunto) tanto designa a «beleza», o impacto estético dessa flor, quanto a coloca num contexto contemplativo ou hesitante («procurando/ procurando/ procurando»), mais ou menos simétrico àquele que se poderia atribuir, talvez ironicamente, ao espectador ou ao leitor («olha olha mas/ olha mesmo»).

Em «A flor do girassol», a ambivalência se apresenta de modo aparentemente mais calculado. Vemos aí a figuração de um corpo sensível e a potência de extravio desse sensível. Seria essa a dor e a delícia da poesia, que se separa do real para melhor atingi-lo? A poesia seria, por definição, um trabalho que visa a reciprocidade dos sentidos, mas que precisa provisoriamente (em sua produção figurativa) abolir os sentidos? Ou se trata de uma crítica à observação contemplativa e à (des)razão flutuante, dentro do mesmo espaço que a confirma?

Embora essas perguntas suponham uma decisão entre duas ou mais alternativas, o que o poema parece ter de mais interessante é justamente a suspensão momentânea do julgamento, a abertura que traz à percepção daquilo que é complexo. O interesse de suas cores é notório e sensível, em determinadas condições de troca. Mas o girassol, ou melhor, a *flor* do girassol (que se distingue de seu caule, de sua planta, de suas raízes) não deixa de se erigir como a própria palavra *trocada*, com todo seu poder de suspender o caule e frustrar os sentidos.

Já o poema «Jogadores de carta» transporta essa ambivalência para a dimensão mais problemática do jogo, antiga e poderosa metáfora da própria linguagem, que faz lembrar a figura do «enxadrista» na teoria linguística de Saussure. O texto, em terceira pessoa, explicita o elemento da troca (as cartas do baralho, que não deixam de ter paralelo com cartas, no sentido da correspondência), colocando essa troca no contexto alegórico do «jogo», ou seja, segundo o dicionário, de uma atividade submetida a regras que permitem definir quem perde e quem ganha. O jogo é uma competição regrada. Curiosamente, se o jogo não exclui o *duellum*, a ideia aqui — talvez para destacar a inépcia e a ardência dos jogadores, como corpos em combustão — é que a partida jogada teria esvaziado as regras do jogo. Jogadores são também pescadores, seus lances são nulos («lances de nada»), enquanto embaralham «as cartas da perda». Ao excluir o blefe («ninguém sabe blefar mesmo quem sabe»), parecem querer abdicar do próprio jogo, ou seja, da linguagem que ao mesmo tempo regula as trocas e permite a abertura ao imprevisto. Daí a pergunta: um lance de dardos poderia algum dia abolir o baralho?

Ora, «esconder o jogo» (ocultar as cartas, guardar segredo, dissimular as intenções) é uma das condições do jogo, talvez a principal. O que seria um jogo de cartas abertas, um jogo sem blefe? Ou uma linguagem sem arbitrário? Nesse sentido, a ignorância do blefe afirmada pelo poema corresponde ao desejo de que o jogo exclua a estratégia: a simulação de ter mais ou, inversamente, menos do que se tem. Poderíamos nos perguntar se atenuar as regras (e mesmo a convenção do baralho: «todo o ineditismo no baralho»), na escala da enunciação, não seria uma espécie de extensão textual do blefe, um movimento de saída do campo alegórico do jogo poético, que desejaria retomar o controle sobre os desconfortos da flutuação. O certo é que, no oxímoro da *regra inédita*, esse *jogo* corre o risco de se anular, como parte de um gesto de partilha desde o início destinado a seu próprio cancelamento. Os jogadores («canastras de um real ardente que ninguém desmancha»), «no último lance, muito juntos, se descarnam». O «jogo» tende a se desfazer como jogo, sem jogadores, vítima de seu proclamado ineditismo, ao excluir as convenções e a interferência de outras lógicas, de tudo aquilo que afetaria o gozo de seu estranho mecanismo.

A descrição desse mecanismo envolveria outros lances. Mas o desconforto que atravessa o texto parece ter origem na contrariedade em relação à ideia de troca. A abolição das regras do baralho, suspendendo a competição, parece, a princípio, desejar a anulação do extravio, mas na prática acaba por promover o (des)encontro («muito juntos») real no fracasso, na inépcia dos corpos que descarnam. Os lances são vistos como lances de dardos mortais (lances de linguagem para aquém de seu sistema) destinados à boca dos jogadores, mas que, por imperícia, atingem os olhos. O corpo vai perdendo consistência, se dissolvendo em abstração, como que requisitando a antiga hierarquia dos sentidos, na qual a visão é o menos concreto, o mais «ideal» dos sentidos, quase estranha à própria condição de «sentido» corpóreo.

Em outras palavras, esse desconforto diante da troca se origina nas exigências que são impostas à linguagem. Que lances de linguagem são esses para aquém do baralho (isto é, da ideia de sistema)? Que lances são esses que se dissolvem na lógica da identidade ou do encontro («muito juntos») catastrófico? São perguntas que poderiam ser formuladas à luz da textualidade mais geral e do modo de inserção do sujeito e da linguagem em cada poema.

Em todo caso, antes de qualquer conclusão, é importante não esquecer que *as palavras trocadas* é um livro que se expõe e que acolhe, muito mais do que interdita ou que codifica a leitura. Vemos, em suma, como o corpo, desconfiado do «impossível», dá valor ao «improvável», se abre ao «vivível». Se a tristeza do mundo impõe um peso que a flutuação não sustenta, a alegria do corpo requisita a contínua redescoberta dos sentidos.

É claro que essa decisão de abertura para o sensível se defronta com seus acidentes. O corpo gozaria à luz do inteiro, não fosse a iminência da descarnação. Contrariando o sonho de imediatez do corpo, permanecemos como «bandos de pássaros/ presos na luz dos holofotes». Palavras são trocadas, mas também matam. Jogado na materialidade hostil do mundo, em um presente histórico em estado de ruínas («o mundo cheio de problemas»), traído pela inépcia e pelo desencontro, o corpo não encontra seu lugar de plenitude — ao menos não no espaço dessa «língua de chegada» que é a poesia.

Quanto ao leitor, curioso pelo *que* e pelo *como* da partilha, voltando ao improvável das palavras *trocadas*, moduladas pela dança das flutuações florescentes, compete-lhe responder à convocação que lhe é pessoalmente dirigida: «vem comigo ver/ o opala da noite/ o ano inteiro/ a vida inteira».

Índice de títulos e primeiros versos

- 11 Dois tempos
- 13 Cinco minutos
- 15 Jogadores de cartas
- 17 Atravessamos
- 19 Véspera
- 21 No lugar das palavras trocadas
- 23 Restos
- 25 Os dias contados
- 27 Na visão alargada das imagens
- 29 A flor do girassol
- 31 De volta
- 33 Quem mexe os cordelinhos
- 35 Na volta
- 37 Atrás das cortinas fechadas
- 39 Circunstâncias da luz
- 41 Futurologia
- 43 (há um momento)
- 45 (não sei livrar-te das palavras)
- 47 (mal começamos a voar)

- 51 As regras do jogo, Marcos Siscar

Dados Internacionais de Catalogação na Publicação (CIP)
(Câmara Brasileira do Livro, SP, Brasil)

Erber, Laura
    as palavras trocadas / Laura Erber. -- Belo Horizonte, MG : Editora Åyiné, 2023.

    ISBN 978-65-5998-109-0

    1. Poesia brasileira I. Título.

23-155170 CDD-B869.1

Índices para catálogo sistemático:
1. Poesia : Literatura brasileira B869.1
Eliane de Freitas Leite - Bibliotecária - CRB 8/8415

ARCO

1   *as palavras trocadas*
     Laura Erber

Composto em Studio Pro, tipografia
desenhada por Alberto Moreu.
Belo Horizonte, 2023.